가뭄은 비를 싫어한다

가뭄은 비를 싫어한다

신덕엽 제14시집

세종출판사

- 서문 -

여전히 잿빛이다

분홍빛 감도는 청춘에도
화려한 중장년에도
무겁고 축축했던
지금도 무겁고 축축한

그럴수록
가볍고 까슬까슬한 하루를 살기 위해
외돌아 노래를 부르건만
천성인 듯 맑게 트이지 않는 목청

그래도
노래는 노래이기에
내 노래이기에
부르고 또 부른다

행여 들어줄 동행을 기다리며
동병상련의 합창을 꿈꾸며

열네 번째 시집을
감히 세상으로 내보낸다.

2021년 떠오르는 해를 마중하며
신덕엽

차례

2부

3부

1부

춘분

방문을 빼꼼히 열고 묻는다
- 이제 갔나요?

- 아니요, 좀 더 머물 것 같네요

다시 문을 닫고
벽을 향해 앉는다

산수유 시리게 돋아나는
지금은 면벽할 때가 아닌 걸

문을 활짝 열고 나와
대판 맞붙거나
온전히 굽혀들어야
물러설 것을

늙은 동장군을 피해
아직도 몸을 사리는
새파란 봄.

탈

탈이 많다
너 때문에 내가 초라하고
나 때문에 네가 자꾸 여위니
헤어지자며
조목조목 따지는 이별의 이유들

탈이 여럿이다
하회탈 언청이탈 문둥이탈 원숭이탈 도깨비탈
얼굴을 가린 채
차별을 폭로하고 비리를 알리는
은밀한 시위 웅성대는 깃발들

탈탈 털어낸다
남을 겨누는 손가락질
나를 휘두르는 자맥질을

훌훌 뜯어낸다
웃음으로 눈물을 가리는 가면을

탈을 멈추고 탈을 벗으니
세상이 뚫린다
맨 가슴에 맨 얼굴에
햇살 그대로 스며든다
바람 그대로 저려든다

손가락이 열 개인 이유

엄지를 쳐들고 축하하거나 격려해야 함으로
검지로 길 잃은 사람에게 방향을 일러줘야 함으로
중지를 빳빳이 세워 비루한 세상을 욕해야 함으로
약지에 반지를 끼어 사랑을 맹세해야 함으로
소지로 맺은 내일의 약속을 지켜야 함으로

오른손 다섯 손가락과
왼손 다섯 손가락이 서로 깍지를 끼워
온 힘을 손에 모아
허물어지려는 삶
일으켜야 함으로.

괄호의 자리

의아하거나 애매모호하거나
별명이거나 애칭이거나
설명이 더 필요하거나 간에
갇혔다, ( )속에

묶여버린 뜻
뛰쳐나오지 못한다
다르고 틀려도
그대로 한 단어의 시녀가 된다

사랑을
사랑(?)으로 의심하여
심장을 뜯어보는 동안
떠나버린 애인

그러나
부호를 지워
더 믿지 못하는
( )의 힘

말이 허하여
곁에 둔 덧말

있어도 없어도 그만이건만
훤히 어깨를 내밀고 있는
삶의 각주.

첫눈

떨어진 벚꽃 잎들 승천하여
돋아나는 아픔
만개하는 외로움
저무는 서러움
다 내려놓고
훌훌 떠다니다가

봄으로 가는 길을 잃고
시린 바람 속을 헤매는
한 여자의 시가 되기 위하여
급히 지상으로 내려오느라
미처 신발을 챙기지 못한
맨발, 그 하얀 뒤꿈치.

틈

동사 '트다'에서 '틈'으로
웅크린 보통명사 그리고 추상명사

열지도 닫지도 못하는 문의 망설임
바람 스며들거나 빛살 새어나가는 작은 통로
소문이 비집고 들어오고 비밀이 빠져나가는 구멍

허술한 우정으로 배신하고
엉성한 사랑으로 이별하고

막혀서 뚫린 듯
뚫려서 막힌 듯

그러나
안이 어두울수록 밖이 환하여

보인다
하늘이 잘려나간 구름 푸르게
산이 물러난 숲 싱싱하게
바다가 쓸려간 섬 꼿꼿하게

그리고 보인다
가장자리가 지워진 중심

어둠의 초점, 환하다

간을 보다

된장국 한 술 떠서
짠지 싱거운지 맛을 본다

짜면 물을
싱거우면 된장을 더하면
어느 정도의 된장국 맛

쿡, 옆구리를 찔러
툭, 가슴을 눌러
사랑인지 아닌지
사람을 간 보는 사람

눈빛을 보고도 모른다면
아예 다가서지 말라

선불리 찔러보고 눌러보는 중에
영영 헤어지리니.

봄의 회초리

하나하나 어여쁜 꽃들
꽃이 꽃을 시샘할까
서로 견줄까
하마 비방할까

그럴 리 없다 하면서도
슬그머니 미심쩍은
만발한 도화들

가장 크게 웃으려고
입이 찢어지지나 않을까
저리 다투듯 눈부신 건
경쟁 아닐까

사람의 눈으로 바라보는 세상
어디엔들 부정不正 없으리
의심 없으리

고개 내저으며
봄 동산을 내려오는 중
발밑에 밟히는 민들레
밟힌 대로 웃고 있는

그런 꽃에게 사람의 옷을 입힌
사람 하나 사람 되어
꽃으로 돌아온다

횟집에서

뭘 그리 망설여
그냥 회(해)쳐 버려

날 선 칼날 아래서
온몸 질리어
이미 죽어버린 잉어

뼈를 드러낸 사체 그대로
얼음 함께 접시에 차려진
잉어의 눈, 살아 있다
살려 달라며 매달리던
그 눈빛 그대로

왜 그래?
아직도 살아 있을까봐?

접시를 밀어주며 권할수록
무서워 젓가락을 들지 못한다
무서워 얼른 먹어 치운다

일어서기

공은
바닥을 모질게 내리쳐야
튕겨 오릅니다만

바닥과 야합하여 드러누울 자리만 찾으면
어느새 수채 구멍으로 빠집니다

돌팔매질

호수에 돌을 던지는 아이
돌을 던지는 게 아니다
장난을 치려고
등을 간지를 뿐

까르르 웃는 물

호수에 돌을 던지는 여자
돌을 던지는 게 아니다
함께 울려고
속을 건드릴 뿐

울먹거리는 물

호수에 돌을 던지는 남자
돌을 던지는 게 아니다
깨어나게 하려고
바닥을 흔들 뿐

움찔, 일어서는 물.

위급상황

설거지를 마치고 돌아서려는데
무언가 뚝! 떨어지는
외마디 소리

그릇 수저 주걱 냄비 등등
제자리에 그대로

소리를 찾아 두리번거리다가 보니
개수대 바닥에 너부러져 있는 밥알 한 톨

밥그릇에서 미끄러져
개수대로 곤두박질하는 순간
악!

청천벽력이 따로 있나.

그것을 모르고 싶다

그것이 알고 싶다가 아니고
그것을 모르고 싶다

왜 네가 등을 돌렸으며
무엇이 그를 벼랑으로 떨어뜨렸으며
어디서 그녀가 통곡했는지를
외면하고 싶다

인생의 허점은
모두가 겪을 수 있는 일에
혼비백산한다는 것
언젠가는 다가올
슬픔 좌절 절망 고통 죽음 등등
어둑한 것을 밀쳐낸다는 것
인간의 공통분모를 인정하지 않는다는 것

나를 보면 남을 알고
남을 보면 나를 아는
명백한 상처를
굳이 건드려 아프지 않고 싶다
이미 알기에 더 이상 알고 싶지 않다

맥주를 따르며

함부로 쏟아 붓지 마라
가득 차지도 않았는데
넘친다

천천히 공들여
비우듯이 채워라

거품이 가라앉는
그 동안만이라도
기다려라

그러고 나서
축배를 나누자.

잿빛

어제였던 것
오늘이었던 것
내일이었던 것
한데 모으니

한 줌의 재

일생이
희지도 검지도 않았다고
회개하는

지금이라도
희게 또는 검게
분명히 살아라고
일으켜 세우는

살았던 사람의
마지막 화두.

고스톱

Go!
Stop.

느낌표와 마침표 중
어느 것을 선택하더라도
화투판은 계속되고

왕창 따서 많이 잃고
조금 따서 약간 잃어
결산은 비슷한 거

다만 따고 잃는 순간에
내지르는 환호 치솟는 부아로
간혹 화투판이 뒤엎어지는 거

제 손에 든 패로
남의 패를 눈치 채는
고수조차 종종 허물어지듯
인생에 완전한 승자는 없는 거
패자도 없는 거

살아가는 동안
삼팔 광 땡에
흑싸리 껍데기에
일희일비하더라도.

유머

여유를 반죽하여
온기 배려 현명함을
섞어 다진 속을 넣고
웃음으로 고명을 뿌려
구수하게 구운
아주 맛있는
삶의 주전부리.

고기를 구우며

냉동고에서
꽁꽁 언 채로 평안하다가
밖으로 나와
온몸이 저리는 고깃덩어리

오그라붙은 살점
온기에 데여 흐느적흐느적

진땀 뻘뻘 흘리며
피땀까지 흘리며
두어 시간의 사투 끝에
말랑말랑 제 모습을 찾건만

이내 뜨거운 석쇠 위에서
다시 오그라붙는

여러 번 죽고 나서야
한 접시 공양으로

무슨 죄를 지었기에
소로 환생하여

다시 내세에는
소를 잡아먹는 사람으로 부활할까.

어머니의 거울

어머니는
이승의 논밭에
모종만 하다가 떠나셨다

자식을 키우고
끼니를 짓고
희로애락을 다듬고
삶을 심다가
훌훌 건너가셨다

지금 닿은 곳엔
이미 푹 익은 논과 밭

어머니는 비로소
앞치마와 수건을 벗고
거울 앞에 앉아서
눈썹을 그리고 분을 바르리라
여자가 되어
어여쁜 사랑도 하리라.

바위 2

니는 와 그리 말이 없노
속이 없나

속 없어

속 없는 게 어데 있노

굳이 있다면
걱정 불안 두려움 같은 건데
그것들을 입 밖에 토하는 순간
더 걱정되고 불안하고 두려워서
그래서 말 안 하는 거지

그러나?
니는 모질기도 하다
그 독한 것들을 가슴에 담아두고 우째 견디노.

사진 찍는 그 사이에

바람 부는 거리 그득히
벚나무가 꽃눈을 휘날리고 있다
허공을 하얗게 물들이다가
춤추듯 땅에 내려앉아 서성거리다가
바람 등을 타고 통통 뛰어다니는 꽃송이들
그 어여쁜 풍경을 지나치기 아까워
서둘러 폰을 꺼낸다, 그러나
카메라를 여는 그 사이, 훅!
바람 잦아들고 꽃눈 스러진다

참으로 짧은 순간 스쳐지나가는 것
렌즈를 들이대는 대신 거리 속으로
벚꽃 함께 뛰어 들어가야 했었다

무엇을 남기고 떠나는가
꽃이 만발하면 꽃만 즐겨도 모자랄 세월

절경을 남기려다 봄의 절정을 놓친
카메라의 셔터 닫히는 소리
철컥!

사월이 후딱 지나간다

빈터

갈아 엎어버려요
씨 뿌려서 돈 안 되는 땅
철근을 심어 키워
문명을 파세요
한 채에 수억만 원
목돈을 벌지 않나요

거래를 엿듣고 있는 민들레들
바들바들 떨고 있다

나무타고 오르기

오르지 못할 나무 쳐다보지도 말라, 를
오르지 못할 나무 쳐다보지만 말라, 로 믿고
사다리를 준비하시라
오르지 못할 나무는 책 속의 그림
그대 곁에 나무는 세상 속 풍경
세상의 높이는 계단을 품고 있는 거
계단은 사다리를 준비한 사람에게만 보이는 거
꿈을 따서 담을 광주리는 무거워
입은 옷에 주머니 하나만으로도 족한 거
가벼운 몸으로 나무 등을 타시라
그대가 가지 꼭대기까지 올라가
잘 익은 열매를 따서
쳐다보고만 있는 나무 아래 사람들에게
골고루 나누어 주시라
계단의 비밀을 보여 주시라.

까치와 까마귀

온통 검은 것과
모두는 검지 않은 것의
차이

날개에 두른 하얀 줄무늬 때문에
길조로

틈 한 올 없이 온몸이 깜깜하여
흉조로

의미 없는 것에 의미를 두어
호, 불호로 가르는

분별은
그리도 눈이 어두운 것임을.

모를 일

나비가 꽃잎에 앉는다

파르르 떠는 꽃잎
환희일까 두려움일까

휙! 금방 날아가는 나비

다시 일렁이는 꽃잎
안도일까 슬픔일까

누가 알랴
꽃과 나비의 수작을

그저 짐작할 뿐
꽃이 나비를 꼬였거나
나비가 꽃을 탐했거나

꽃과 나비 서로 얼싸안고 정을 통했거나.

꽉 찬 이분의 일

비누와 비눗방울
둘 다 욕심쟁이다

주고 또 주어도
성에 차지 않아 여위고

받고 또 받아도
모자라 거품만 살찐다

허공에 걸린 달
땅으로 떨어질까봐
제 몸 넘치게 줄여 그믐으로
제 몸 넘치게 부풀려 보름으로

그 둘 사이에
중간이 떴다

반반으로 적당히
몸을 비워내어 채우는

반달.

허탕 치는 날

다이소에 가면 다 있다
머리핀 고무줄 개미약 접착제
행주 손톱깎이 깔개 면봉 등등
자잘한 일상이 가득 널려 있다
헐값에 홀려 사지 않아도 될
매니큐어와 손지갑을 사기도 한다

다이소엔 보이지 않는 것도 있다
생계비를 아끼는 아낙의 알뜰한 계산
입술연지를 고르는 가난한 처자의 봄
샤워기를 살펴보는 가장의 든든한 손목

그 다이소가 사라졌다
치약과 칫솔을 사러가는 날
허탕 친 그 자리엔
대형빵집이 버젓이 들어섰다

큰 자본이 덮친 작은 자본을 잃곤
홈플러스에서 생필품을 사는 동안
허리께가 시리다
허리가 꺾인 다이소처럼

시린 허리 달래려 약국에서 파스를 산다
다이소에선 볼 수 없던
타이레놀과 소화제도 미리 산다

화 지우기

'불'의 머리에 달린
뿔 두 개 떼어내면
'물'

활활 가슴이 끓을 때
뿔따구를 뽑아내면

평온해질까
깊은 산 속
옹달샘처럼.

유턴

내 속에 두 사람이 있다
고개 끄덕이는 사람과 고개 내젓는 사람

어느 날
고개 끄덕이는 사람이 고개 내젓고
고개 내젓는 사람이 고개 끄덕이는 동안
밖에서 누군가 문을 두드렸다

누구세요?

채근담에서 만났던
나물 먹고 물 마시는 사람입니다

귀인이 찾아 든 그 날은
눈 부라리며 달려드는 아우를
차분히 다독거려 주던 날이었다

소중한 귀고리를 잃어버리고도
아깝지 않던 날이었다

햇살 속에 떠다니는 먼지조차
민들레 홀씨 같던 날이었다

회색의 자리

바라보고만 있자니 답답하여 뉴스가 들끓는 화면 속으로 끼어들었어요. 험악한 국회의사당으로 쳐들어가 목이 쉬도록 외쳤어요, 그만 싸우고 일 좀 하라구요. 꿈쩍도 안 했었어요. 서로 밀치는 몸 거칠고 욕설이 난무했어요. 둘이 똑같으니 싸운다고 형과 아우를 싸잡아 꾸짖던 엄마를 흉내 내어 중재자로 나섰어요. 마이동풍, 여전히 고성이 오고 갔어요. 고성에 치여 귀먹을까봐 화면 밖으로 뛰쳐나왔어요. 안전거리에서 눈살 찌푸린 채 쏘아보던 중 누군가와 눈이 마주쳤어요, 멱살을 붙잡힌 '정의'였어요. 웃는 듯 우는 듯 얼굴이 묘하게 찌그러졌어요. 무언가 미안하고 부끄러워 눈길 돌렸지만 화면 앞을 떠나지는 못했어요. 치욕을 당하더라도 정의는 아직 살아 있으니까요.

내가 누구냐고요?
나는 비겁한 '뇌'입니다
생각만 하고 나서지는 않는
나서더라도 돌멩이가 날아오면 급히 피하는
'정의'의 친구면서 적인 '논리'랍니다

숯

불꽃을 꽁꽁 얼려서
뜨거움을 재워놓곤
시나브로 온기를 풀어내는
노모의 까만 가슴.

덩어리

무엇이든 덩어리는 무겁다
땅덩어리 돌덩어리 금덩어리
욕심덩어리 고집덩어리 이기덩어리
불덩어리 눈물덩어리까지

덩어리는 서로 섞이지 않고
제 잘 난 맛에 우쭐거린다
내 거만한 몸도 그 중 하나

몸이 몸덩어리로 굳어지면서
병이 들어오고 절망을 가두어
콘크리트 바닥으로 눕는다

꽃도 꽃송이가 아니라서 버거울 때가 있다
성급히 우악스레 번지는 벚꽃 덩어리

언 땅 틈으로 조심스레 돋아나는 복수초
가냘픈 봄 한 송이
덩어리가 아니라서 해맑다

사랑조차 덩어리는 상처다

몸의 언어

공든 탑이 무너지랴?
무너지지요
문 닫고 들어오세요
문을 닫고 어떻게 들어가요
하면 된다!
해도 안 되던데요

말은 약속인 거
그러니 장난치지 말 것
꼬투리도 잡지 말 것
뜻이 어눌하고 어순이 바뀌어
희끄무레한 말은
기호일 뿐
해석은 그대의 것

사랑의 연을 날리는
'연실'을 뒤집어 감아
'실연'을 견딜 것
'자살'을 돌려 세워
'살자'로 일어설 것

사랑은 삶은
말이 아닌 뜻이 아닌
오직 그대 손과 발에 달린 거.

자가치료 2

위험한 일이 벌어졌다

넘어져 시퍼렇게 부풀어 오른 발등
병원으로 가는 게 상식이건만
상식을 벗어나 집에서
조심스레 어루만지며 돌보는 동안
가라앉을 듯 말 듯 망설이는 부기

발목이 저리다 말다 하여
안심과 걱정을 하루에도
여러 번 마주치면서
이맛살을 찡그리거나 풀거나 하는
짜릿짜릿한 나날들

생사가 한통속인 것처럼
넘어져 상처를 입고
상처가 다시 뼈를 아물게 하는
사고와 치유 또한 한통속이라며
모 아니면 도라는 각오로
지켜본 막판, 다행히 모였다

일주일 후 거뜬히 외출했다

실연, 그 후

진정 아득히 조용히 나부끼는 것은
눈송이나 꽃잎이 아니고
안개비나 낙엽도 아니고
그대의 마른 셔츠입니다

사랑으로 가는 길을 헤매다 비에 젖어
널어놓은 그대 무거운 어깨와 가슴이
햇살로 바삭바삭 말라
바람결에 훌훌 떨어지는 중입니다

손의 습성

세수하고 들여다본 거울 속
입술에 고춧가루 한 톨 묻었다
얼른 손톱으로 떼어내는 순간
아얏!
고춧가루가 아니라 상처의 딱지였다

얼굴을 씻었고 밥을 먹지 않았고
우연찮게 입술이 터진 줄 알면서도
생각 없이 손부터 나갔다

입술에 피를 닦으며 애써 변명한다
그래, 상처는 대단한 게 아니지
각도가 약간 빗나간
모서리에 치인 일상이지
덧나는 상처 또한 대단한 게 아니지
상처를 잊어서 다시 피를 흘리는
일상의 망각이지

연고를 바르곤
곧장 밥을 먹는다

밥숟갈이 연고를 지운다

상처는 오래 머물 것이다
그저 스쳐 지나는 관성 때문에.

바느질 중에

흘러내린 치맛단을 실로 꿰어 올리고
굵게 매듭을 묶어 마무리한다

그랬건만 종종 터지는 실밥
다시 흘러내리는 단

끝맺음을 너무 단단히 하여
움쩍달싹할 틈이 없어
자꾸만 몸을 비틀다 보니
갈수록 느슨해지는 실밥
언젠가는 터져 버릴

그리하여 끝맺음을 미룬다
매듭 없이
남은 실 기다랗게 남겨둔다

삭아갈 옹이가 없어
꿰맨 그대로 오래
치맛단을 끌어당기는 시침질

내가 너를 영원히 지켜주겠다고
약속하지 않은 이유 또한
바느질 같은 거.

역전패

9회 말
1 대 0
마지막 타자
주자는 3루
투 스트라이크 쓰리 볼

경기장 한가운데서
마지막 공을 던지는
투수

아무도 조언할 수 없는
자신만이 결정해야 할
공의 속도와 각도

직구 하나에 달려 있는
승리 또는 패배는
운명 아닌 예견 같은 거

휙, 담장을 넘는 공

함성과 비통이 뒤섞인 관객석

고개 떨구고 돌아서는 투수
외로운 주인공.

왕벚

사월 허리에서 굴러 떨어진
벚꽃 잎들 흩어져 돌아다니다가
무언가 허탈하고 불안하고 쓸쓸하여
역모를 꾸미듯 한데 모여 쑥떡거리더니
피를 나누듯 서로 엉켜 붙은 옹골찬 덩치로
오월 머리에 올라붙었다

가뭄은 비를 싫어한다

일기예보가 틀리는 만큼만
네가 아닌 너를 보여주었다면
헤어지지 않았을 거라며 너를 추억하다가
일기예보만큼 틀렸기에
내가 나를 보여줄 수 없어서
헤어졌다며 나를 돌아보는 동안
어제 잔뜩 흐렸던 하늘
오늘 눈부시게 푸르다

어제 일기예보는
오늘 비가 올 것이라 했다

비가 쏟아 붓든 말든
옷에 빗물이 스며들든 말든
애인은 한 우산 속에 꼭 껴안고
함께 젖어야 하는 거

우리의 이별은
사랑의 습도 차였다
습도에 민감한 비단 옷 때문이었다
입어도 입은 줄 몰랐던
축축한 것을 싫어하는 껍데기 때문이었다

동행

넘어져 다친 왼발이
온전한 오른발 곁에서
시무룩하다
학대받고 버림받은 것처럼
훌쩍거리기도 한다

오른발도 시큰둥
왼발 따라 절뚝거린다

바로 걸을 땐
어긋나더니
한쪽이 비틀거리자
또 한쪽도 비틀거리면서
기다려 주거나
끌어 주기도 한다

그럼 그렇지
한 뿌리에 두 핏줄인 걸
새끼발가락 발톱까지 닮았으니.

물음표

?

자세히 들여다보면
귓바퀴다
소리와 뜻을 들으려 쫑긋거리는

귓바퀴 밑 점 하나
결국은 마침표다
의문이 의문으로 끝나는

물을 것 많이 없다
세상은 온통 물음투성이건만

다만 입보다는 귀가 깊어
말하기 전에 한 번 더 새겨 보라는

진중한 부호다
함부로 대답하지 말라는.

전셋집

이층 베란다를 온통 차지하곤
거리낌없이 드나든다
바닥 군데군데 슬리퍼 위에까지
싸질러 놓은 똥
빨래걸이는 아예 방안으로 피신시켰다

집집마다 내쫓기다가
자리를 내준 주인에게
박씨를 물어다 주기는커녕
아침부터 소란을 떨어 잠을 깨우고
유난스런 날갯짓이 고요를 지우는
제비 한 쌍
천정 모서리에 반쯤 둥지를 지었다

신혼인 듯한 어린 부부
분주하게 새 살림을 차리는 중에
미물이라며 어찌 쫓아내랴

은혜를 원수로 갚는 건 사람들
받은 그대로 고스란히 살아가는 날것들은
삶터를 내준 주인에게 어쩌면
복 한 줌 안겨줄 지도.

2부

몰래카메라

쉿, 숨어서 찍으렴
그래야 화난 그대로
욕설 그대로
웃고 우는 그대로 초점에 잡히는 거야

저 허둥대는 모습 보렴
감추었던 야심 다 드러내고
숨겼던 미움 다 쏟아내는
허실을 몽땅 필름에 담아버려

하느님도 몰래 사진을 찍고 있을 거야
우스개처럼 농담처럼 살아가는
한 외로운 사람의 속울음을 담으려
조리개를 맞추고 있을 거야, 그러나

저기, 꽃잎에 앉은 것
속과 겉이 똑같은
이슬 방울에게는
하느님도 렌즈를 함부로 들이대지 못할 거야

이슬을 닮으려는 너는
몰래 찍은 네 벗에게서
숨은 너를 찾으렴
쉿, 누가 오는가 봐.

맨발의 신

높은 데 계신 신께서도
바닥을 딛는 신을 신는다

햇살로 살포시
눈송이로 폴폴
가볍게 세상을 걷다가
앉아 쉬기도 한다
때로는 바람으로 훌훌
허공을 건너가기도 한다

문수 245의 운동화
인연을 이어주고 거리를 누비고
산을 오르고 바다를 거닐어 낡았다

비뚤비뚤 걸어 비스듬히 기운 뒤축
함부로 내달아 구멍 난 밑창

아예 맨발로 걷는다

맨발에 박힌 유리 조각
스미어 나오는 피

한낮에 십자가 붉다

다음 날 아침
새 운동화 한 켤레 가지런히 놓였다

문득, 글자 '슬'이

슬그머니 슬며시 슬쩍 슬금슬금
눈치 보며 몰래 기웃거리는
단어의 앞글자 '슬'이 나약하다

'슬'픔이여 당당하라
눈물을 감추지 마라
인생은 비극,
펑펑 우는 게 당연하건만
무엇이 부끄러워
민낯으론 울지 못하고
웃음을 색칠한
가면 속에서 우느냐

휘둥그런 눈과 끌어올린 입꼬리가 슬픈
나의 피에로여, 가면을 벗었구나, 그러나
웃지 않는 민낯이 어색하고
눈매와 입매가 너무 어두워
다시 분장을 해야겠다
희극의 무대로 되돌아가서
당당하지 못한 슬픔 그대로
연극을 끝내야겠다
객석은 네가 웃어도 울고 있다는 걸 알 것이기에
연기가 훌륭하다며 깔깔깔 박수를 칠 것이기에

연극이 끝난 무대가 '슬슬' 막을 내린다

묵

이름을 얻기까지는
껍데기를 모조리 벗고
살 낱낱이 풀어헤쳐
뜨거운 불로 달구어야 하고
이리저리 부대껴야 하고
끝까지 견뎌야 하고

그리하여 한 접시 안주로
술상 한가운데 안주할 때
그 모진 고통이 달콤한 맛으로

가만,
흐물흐물!

허물어질 듯 허물어지지 않는 고체
기울거나 흘러넘치지 않는 액체
중간의 힘

그 힘으로
쓰러진 저녁을 일으켜 세우듯
늦은 밥상을 차리는 노모는
아직도 상수리나무를 키우신다
도토리가루를 고는 가마솥 앞에서
방울방울 땀방울로
한 그릇 공양을 담으시며.

그림자 2

눈 귀가 없어
보고 듣지 않아
말 할 게 없다
입은 애당초 없었다
아주 조용하다

창가에 앉은 탁자 하나 의자 둘
햇살 무심히 받아들이는 만큼 가볍게
바닥에 드러눕는 무게

존재의 존재감이 저리도 투명하다니

모든 색을 품은
검은 빛, 눈부시다

나도 모르게

개미를 엄지손톱으로 이를 잡듯
꾹꾹 눌러 으깨고 있었다

아니, 개미를 왜?
어머, 내가 왜 이런 짓을!

후배는 화들짝 놀라며 멈추었다
착한 그녀는 아무 생각 없이 살생을 하고 있었다

죄 아닌 죄

죄 짓지 않는 사람 없어
아무도 그녀에게 손가락질 못한다

나도 모르게 밟아 죽인 것들
누군가의 꽃이고 별이었던 것들

아아, 알고도 모질게 밟았던 것
구부정히 다가오는 그대 쓸쓸한 그림자.

제자리에서

다리를 삐어 고생했던 나는
팔을 삔 친구에게
다리를 다치지 않아 다행이라고 위로했다

그러고 나서 이틀 후
넘어져 두 손목을 다쳤다

문을 여닫지 못하고
밥을 그릇에 담을 수 없고
글을 쓸 수 없고
악수조차 힘들었다

팔이 본때를 보여준 것이다
다리만큼 팔도 소중하다는 걸 알아차리라고
제 몸의 뼈를 두 개나 꺾어버린 것이다

그 후 함부로 분별하지 않는다
눈 코 귀 입 가슴 등 팔다리, 손톱 발톱까지
우열을 따질 수 없는 제자리이기에

입가에 난 뾰루지도 그대로 둔다
무언가 제 몫을 하려 돋아났거니, 존중하며.

이별, 그 후 2

꿀 잔뜩 채운 단지
단맛 배지 않는다

소금 가득 담은 항아리
짠맛 스미지 않는다

그래도 단지가 있어야 꿀을 채우고
항아리가 있어야 소금을 담는다

그와 그녀가 그랬다
서로에게 배어들지 않고 스며들지 않아
오래 동행하였건만
이별은 아프지 않았다

사랑이었나?

사랑이란 단어를 찬찬히 들여다본다

잊어서 잃어버리는 것

상수도 공사로 수도가 끊기고
전선 이상으로 전기가 멈추는 날
일상이 뒤집힙니다
대소변을 내리지 못하고
냉동고 속 고기가 허물거리고
밥을 짓지도 못합니다
배터리로 지탱하는 전화기만
왕왕 떠들어댑니다
언제 물줄기가 터지나요
언제 등이 켜지나요
허둥지둥 전화벨 소리 시끄럽습니다

마침내 물길과 빛길이 다시 트이자
활짝 피어나는 세상, 새 세상
몇 시간 전만 해도 난세이더니
언제 그랬느냐는 듯 잠잠합니다

당신의 행복을
한동안의 정전이나 단수로
되찾지 않으렵니까

당신이 행복하지 않은 이유는
행복을 잊고 살기 때문입니다

그믐

둘레둘레 산 그림자
뒷짐 지고 어슬렁어슬렁 내려와
지붕과 돌담을 쓰다듬고
마당에 별이 누울 멍석을 깔고
하품하는 강아지 목덜미를 어루만지고

그러다가 옷자락 활짝 열어젖혀
온 마을을 품어 안는다

젖무덤이 내려앉은 홀어미
수저 하나 더 얹고

젖이 모자라 여윈 달
밥상머리에 앉는다

문신, 어느 뒷골목의 사랑

원통을 보면 원통하다

누가 밑동을 잘랐는가
꼭대기를 밀었는가
속을 파냈는가

덩그랗게 남은
빈껍데기

그러나
토막 난 대나무에서 소리 난다

동글동글 긁어낸 숨구멍으로
허공을 들여 마시고 내쉬는 중에
흘러나오는 애련한 선율

원통한 원통이 부활한
퉁소 하나

사랑의 배신을 뒤집어 쓴 통 큰 남자의
용이 꿈틀대는 가슴에 뚫린 커다란 구멍으로
새어나오는 노래

- 누가 사랑을 아름답다 했던가 -

환절기에

오월에 사람들은 유독 입을 옷을 고른다
춥지도 덥지도 않아 이것저것
입었다가 벗고 다시 입었다가 벗는다

소매 짧은 원피스, 소매 긴 셔츠
셔츠 위에 껴입은 점퍼, 얇은 바지
바지 위로 늘어뜨린 스웨터
각양각색의 옷걸이

사람이 옷걸이로 보이는 날
옷을 벗은 한 사람 전철역 귀퉁이에 누워 있다
두터운 외투를 걸치고 웅크린 채
발가벗은 삶을 시리게 내놓고 있다

머리맡에 소주병 하나
그 사람의 한기를 나누어 이고 누웠다

오월은 아직도 화사한가.

지문 밖

\- 문제 1 -
나는 봄산입니다
오늘도 말끔히 세수하고 단장을 합니다
진달래 세 송이 따서 머리에 꽂고
목련 한 송이 따서 가슴에 달고
벚꽃송이 열 개를 품은 가지 두 개를 꺾어
치맛단을 레이스마냥 꾸몄습니다
내 몸에는 몇 개의 꽃송이가 열렸습니까

3+1+10+10=24, 스무네 개입니다
정답!

그런데 한 아이의 답, “셀 수 없습니다”

선생님은 오랫동안 골똘히 생각하다가
그 아이의 답도 정답으로 처리했다

문제의 지문 밖에는 봄산들이 널려 있음으로
봄산은 온몸 가득 그리고 속속들이 꽃으로 치장했음으로.

호강하는 귀

꽃잎에 퍼질러 앉아 지저귀는 햇살
창에 부딪쳐 또르르 굴러 떨어지는 빗방울
바위를 부드럽게 휘돌아 흐르는 개울
구슬인양 땅을 통통 뛰어다니는 참새
호수를 그네 타듯 딛고 가는 바람
산속 고요를 스르르 휘어 감는 다람쥐꼬리
새벽을 깨우느라 온몸으로 허공을 차고 오르는 범종
꿈속에서 천사와 함께 노래하는 아가의 옹알이
사랑합니다, 얼굴 붉히는 청년의 첫 고백

소리, 아름다운 소리들
귀가 부시다

메밀밭을 지나며

메밀국수로 점심을 말아 먹고
대흘리 딸집으로 가는 길 외돌아
하얗게 펼쳐진 들판 가득
찰진 알곡을 키우느라 분주한
땅의 쟁기질 소리

여름을 파종하여
가을을 풍성하게 거두는
열매 알알이 영그느라
땀방울 흥건한 뿌리의 펌프질

'만종'은
하느님과의 조용한 대면
한낮에 들리는 저녁 종소리
두 손 모은 지상의 겸손한 것들

천지가 한몸처럼 어우러져
하늘 속속들이 땅 깊숙이
거름을 지고 오는 시월
햇살 바람 속에 활짝 드러누운
와흘리 곳곳에 메밀국수 뽑는 소리.

게

내가 거꾸로 걷고 있는 거니? 아니
비뚤게 걷고 있는 거니? 아니
바로 걷고 있는 거니? 아니
그럼 어떻게 걷고 있는 거니? 너답게 걷고 있어

고소공포증

꾸역꾸역 기내로 밀려들어오는 승객들
다시 무섭다
이 엄청난 무게를 담고 하늘을 날 쇳덩이
진에어가 추락했다는 비보를 들은 적은 없지만
나에겐 지금 여기가 아찔한 생사의 가름길이다
근 한 시간 동안 내 몸을 떠나
허공을 굴러다닐 목숨

스튜어디스가 구명복 사용법을 설명한다
복잡하여 알아들을 수가 없다
공연히 두려움만 더한다

창문 밖을 절대 내다볼 수 없는
새가슴

긴 웅크림 뒤
훨훨 무사히 착륙한다

별 걱정을!
지상의 길도 이만큼 위태로운 것을.

봄이 문을 열다

하루 두 번은 열고 닫아야지요
나가고 들어올 때
저를 거치지 않나요

그런데 보세요
저는 종일 꽁꽁 잠겨 있어요
주인장님 뭐하세요?

시를 쓴다구요?
아이쿠나! 무슨 시답잖은 일을

저를 열고 내다보세요
복사꽃이 샹데리아 같구요
하늘이 동해바다 같아요

도처에 흩어져 있는 시어들
한 아름 주워 들고 오세요
그 땐 저를 버려두고
밤새 시를 써도 좋아요

지금 밖은 어여쁜 봄
펜을 놓고 어서 나오세요
셔츠에 분홍물이 들도록
햇살 속을 거닐어 보세요.

3

마주보며 껴안고 있던
짝이 떠났다

반이 풀려져 나간 8

빈자리로 바람 스며든다

북으로 날아갈 기러기가
남으로 역주행하는
위태로운 탈선
용감한 이탈

쏙 빼닮았던 짝을 찾아서.

자루에 대한 기억

상자만 있었더라도 어머니는 돈을 조금은 모았을 거다
아버지가 흘리다시피 쉽게 끌어온 지폐를
자루에 집어넣고 아무데나 방치하여
오고가는 집안 어른들 심지어 어린 조카까지
한 줌씩 집어 가도 말리지 않았다
늘 그렇게 자루가 가득할 줄 알고 어머니는
돈을 헤프게 썼고 아끼지 않았다
아버지가 사업에 술에 여자에 가산을 탕진했을 때
자루는 쌀자루로 되돌아 왔고
자식들은 바나나와 초콜릿을 못 먹게 되었다

그 후 어머니는 상자만 보면
모서리를 마구 뜯어 납작하게 구겨 버렸다
그리곤 버릇처럼 자책하였다
- 그 때 내가 잘못하여 너거들 고생시킨다 -

상자 속에 헌옷을 담아 버리면서
세상 떠난 어머니의 한도 함께 버리는 날
문득 그리운 자루
요즘은 돈자루는커녕 쌀자루도 드물다

남겨두는 것들

그릇 속 밥을 개밥까지 다 먹지 말 것
까치밥까지 몽땅 감을 따지 말 것

밑바닥이 보이도록 말을 쏟아내지 말 것
눈이 부시도록 어둠을 걷어내지 말 것

쓰러질 때까지 길을 끌어당기지 말 것
그림자가 마를 때까지 흔적을 지우지 말 것

지갑 속 돈을 차비가 모자랄 만큼 쓰지 말 것
추억이 사라질 만큼 기억을 버리지 말 것

무엇보다
미움이 쌓일 때까지 사랑을 퍼붓지 말 것.

영희와 철수

영희와 철수는 이웃이었어요
한 집 건너 가까웠어요
영희집에 강아지와 철수집에 고양이도
친구 되어 함께 놀았어요

영희 엄마는 떡장수였고
철수 아빠는 채소장수였어요
어느 저녁 파장 후 돌아오는 길에
배고픈 영희 엄마가 군고구마 사서 먹을 때
철수 아빠가 가만히 다가와 우유를 건네주었어요

영희와 철수도 학교 가는 길에서 기다렸다가
엄마가 못 다 판 떡을 살그머니 철수 손에 쥐어주면
철수는 귓불을 붉히며 길가에 핀
들꽃을 꺾어 영희에게 내밀었어요

그 후 세월이 많이 흘렀어요
영희 엄마와 철수 아빠는 한 집에서 살구요
영희는 시집가서 아들 둘 낳고
철수도 장가가서 딸 둘 낳고
영희는 철수를 '오빠'라 부르고
철수는 영희를 '영희야' 부르면서
그리그리 살아가고 있어요.

영(0)

허공이다 구멍이다
돌고 돌아 제자리다
중심이 없다

그러나

우주다 천공이다
시작이고 끝이다
중심이 꽉 찼다

그리하여

만물이
사라지고 다시 태어나는
무덤 그리고 자궁.

화난 농부

그 해는 토마토가 미련스레
너무 많이 주렁주렁 달렸다

땀을 뻘뻘 흘리며 딴 토마토들이
쌓이고 또 쌓여
땡볕에 넘치게 익어 상하기도 했다

과일 도매업자들이 싼값으로 뭉텅뭉텅
사들여도 남아도는 토마토는
끝내 썩어가기 시작했다
아무도 거들떠보지 않았다

어느 날 반갑게도 한 도매업자가 찾아왔다
그는 뻣뻣이 서서 구둣발로 토마토 무더기를 툭! 차며
이것들 한 자루에 얼마요? 물었다

농부인 시아주버님은 눈을 사납게 치켜뜨고
달려들 듯이 대꾸했다
- 당신에겐 안 팔아요 -

자식처럼 키운 토마토
버리면 버렸지
제 자식 깔보는 인간에겐
추호도 넘겨줄 생각이 없었다

시아주버님은 이미 세상 뜨셨고
밭은 포클레인이 몽땅 파헤치고
토마토 값은 조금 올랐다

지렁이

산다는 게 뭐니?
기어 다니는 것

온몸을 끌고 다니는 게 힘들지 않니?
아니, 괜찮아

난, 하늘을 나는 게 몹시 힘들어
날개를 뽑아버리고 싶어

호들갑떠는 새를 빤히 쳐다보는 미물
더듬이 한 올 없는 맨몸으로 땅 안팎을 드나들며.

새는 위가 하나 더 있다

무언가 바닥으로 뚝 떨어진다
새 똥이다
현관 천정 한 구석에 오목이 들어앉은 둥지 속
제비 새끼 세 마리가 주둥이 바쁘게
어미의 먹이를 빼앗아 먹고 있다
밥을 먹이면서 똥을 싸는 어미
먹은 것 없이 새끼들 먹는 것만 보아도
잘 소화하고 배설하는 어미의 몸속에
하나 더 붙은 튼튼한 내장
새끼가 배를 채우는 동안은
먹지 않아도 쪼그라들지 않는 위
그 엄청난 힘 그리고 탄력

세상 떠난 내 어머니는
하루에도 수십 번 변기에 걸터앉았다
실컷 못 먹어 시름시름 졸아든 위
죽 한 술에도 탈이 나고
간신히 뽑아낸 똥은 새똥보다 작았다

새가 된 어머니
여전히 새끼들 곁을 떠나지 못하고
담요를 깔 지푸라기를 모우고 있다

바람과 얘기 나누다

빈 배는 밥으로 채우건만
빈 가슴은 무엇으로 채울까요

그대로 두세요
빈 터가 햇살 달빛 불러들이고
홀씨 날아와 민들레 돋아나고
누군가 상추 배추 씨를 뿌려
텃밭으로 거듭나리니
빈 가슴 그대로 두세요
채우려다가 술에 만취하고
공연히 싸움을 걸고
휘청휘청 쓰러져 다칠 것이니
헛헛한 채로 바다로 나가
파도소리로 허기를 메꾸세요
메꿔도 메꿔지지 않는다면
모래밭에 새 발자국 몇 점 떠서
가슴에 모종을 하세요
발자국이 자라 날개를 키워
훨훨 비상할 지도 모르니까요

비상하는 그 때, 나, 바람이
그대 가슴을 마저 채워 드릴게요.

섬 2

너는 왜 온통 잠기지 못하는가
온통 드러내지도 못하는가

바다 속에 숨긴 네 하반신은
몇 억 년을 견딘 소아마비인가

걸을 수 없어 한자리에서
어깨로 허공을 버티고 있는
네 꿈은 비상 아니면 침몰

이러지도 저러지도 못한 채
묵묵히 앉아 꿈만 꾸는

너는 하늘에 닿으려는 형이상학이냐
바다를 못 떠나는 형이하학이냐.

영점도 만점

영어 주관식 문제 15번
Parden me?의 뜻은?

공부엔 뜻이 없고 장난질이 고수인
영식이의 답, 뭐라쿠노?

영식이는 주관식 문제마다
뭐라쿠노? 뭐라쿠노? 되물었다
답을 모르겠다는 의미심장한(?) 답

한참 고민하던 영어선생님
15번 답에 동그라미를 쳤다

영식이는 한 개만 맞은 답지를 받으며
영문도 모른 채 씨익 웃으며 꾸벅 절을 했다

그래, 인생도 그런 거란다
원인과 결과 중 무엇이 핵심일까
따지고 고심하는 동안 세월이 지나가고
우연의 일치, 실수의 대가도
소중한 삶임을 알아챌 때
영식아, 너는 이미 만점을 얻은 거란다

*Parden me? 무슨 말이예요?
*뭐라쿠노? "무슨 말이예요?"의 경상도 사투리.

숭어

날개를 그리도 달고 싶으냐

바다를 밀쳐내고 튀어 오르는
부랑한 몸

탁, 탁, 허공에 치이는 지느러미
아프지 않느냐

아파서 네 몸이 빛난다면
이미 날개를 달지 않았느냐

낚싯밥에 홀려 걸려든
네 외도를 담은 한 접시 공양

한 번도 세상 밖으로 뛰쳐나가지 못한 삶이
네 눈부신 전생 앞에서

고개 숙인다

동정, 쓰레기 같은

겨울, 어스름 녘
골목시장 어귀 조금 떨어져
고등어를 담은 작은 함지를 앞에 놓고
오들오들 떨며 손님을 기다리는 할아버지
그냥 지나치려다 불쌍한 마음에
- 얼마예요?
- 모두 팔천 원이요.

검은 봉지 속에 남은 고등어 몽땅 담고
집에 와서 쏟아 붓는 순간
썩은 내장이 터지고 코를 찌르는 악취
다시 봉지에 담아 쓰레기통에 버리는 동안
피식! 들려오는 냉소

그 할아버지는 이미 알고 있었다
고등어는 거의 다 썩었고
몇 마리는 썩지 않았다는 것을
더구나 세상 물정 모르는 한 여자가
어쩌다 던져주는 참 얄팍한 선심을

황당하고도 부끄러워라!

오물과 오물 아닌 것이 뒤섞인
쓰레기통도 난감하다

왜곡된 자화상

조금만 친절해도
날 좋아하나 보다
좀 더 다정하면
나에게 반했나 보다,
넘치게 자신을 사랑하는
나르시스여, 부끄러워하라
네가 네 얼굴에 취하여
물속으로 뛰어드는 동안
세상은 온통 거짓이다
거짓들이 아름다운 옷을 입고
그럴듯한 언행을 걸치고
돌아다니면서 네 행세를 한다
칭송을 찢어발기면 비난이 섞여 있고
온기를 깨트리면 냉기가 숨어 있는
껍데기가 산산조각 깨어져 만신창이 되더라도
나르시스여, 다시 태어나라
너는 평범한 모습으로
샘물을 들여다보며
엉킨 머리칼이나 빗어 넘겨라.

사선

변기 하나
화장실 아닌 전시실에
낯설게 앉아 있다
- 마르셀 뒤샹 作 -

제목은,
샘(fountain)

제목을 '변기'라 했다면
그저 일상의 도구였을 것을
샘으로 바라보는 그 곳에
설치미술이 탄생 하는 거

또한 예술은 예술끼리 통하는 거
'샘'이라는 시어가
화가의 가슴을 떨리게 하여
완성된 작품 하나

그대는 삶을 어떻게 바라보는가
삶의 제목은 무엇인가.

세월의 갑질

옷 꼬락서니라니 쯧쯧
말대꾸를 하다니 아래 위도 없냐
새파란 놈이 벌써 술주정을
일 할 생각은 않고 무슨 연애질이야
부모 살아 있을 때 효도해야지

무언가를 나무라는 노인 앞에
다소곳이 앉은 청년
그러나 얼굴은 옆으로 돌린 채
이맛살 잔뜩 찡그리고 있다

꼰대같이!
Goddamn old man!

이혼 직전

한 사람과 개 한 마리는
어울려 한 집에서 잘도 사는데
한 사람과 또 한 사람은
등 돌린 채 각방을 씁니다

두 사람 사이에 애완견 하나
이 방 저 방 기웃거리다가
구두를 물어뜯다가
소파를 찢어발기다가
쫓겨납니다

사람도 품어 안지 못하는데
짐승이 버림받는 건 당연지사

흘러 다니던 개
유기견 막사에 갇힙니다
그 후론 소식을 모릅니다

개소주집을 지나는 순간
살 익는 냄새 진동하여
떨어져 걷던 부부는
잠시, 아주 잠시
눈을 맞춥니다

새벽

새끼손가락으로 매실청을 찍어
맛을 보듯 온몸으로
갓 돋아나는 여명을 찍어 먹습니다

너무 싱싱하여 알싸한 신 맛!

풋 하루는
저녁 무렵 달콤하게 익을 겁니다

투명수채화

푸른 바다가 얕은 듯하여
붓질 한 번 더 했더니
흐리고 탁하다

지나온 길 덧칠 말라
어제를 겹겹이 꾸민들
오늘은 오늘의 색감일 뿐

붓이 지나간 자리
뜯어 낼 수 없는
색을 거듭 쌓지 말라

모자란 것 같아도
바닥이 보일 듯 맑은
한 폭 그림으로 남겨 두라

사랑에 사랑을 더하여도 무거운데
미움에 미움을 겹치다니

채워서 아름다운 게 무엇인가.

자아의 독백

평생 데리고 살 지병이라면
'순둥이'라 이름 짓고 기꺼이 곁에 둘 것

버릴 수 없는 걱정이라면
'지혜'라는 존칭으로 받들어 모실 것

지울 수 없는 슬픔이라면
'울보'라는 애칭으로 쓰다듬어 줄 것

거절하여 옷이 찢기고
거역하여 유린당하는 세상
그냥 어울릴 것

어둠과 몸 섞다보면
어둠 결에 묻어 있던
빛 한 올 자궁에 착상하여
배 둥그렇게 등불이 자랄 것이니
벗어나려 버둥거리지 말 것

욕심 많은 혹부리영감마냥
혹 떼려다 혹 하나 더 붙이지 말고
혹을 복주머니라고 도깨비를 속여
혹을 뗀 착한 혹부리영감을 흉내 내지도 말 것

혹 하나 붙은 대로
제 꼴로 살 것.

삶의 밥상

끓는 물에 넣자말자
골고루 뒤집어
곧바로 꺼내야 하는
그 동안에 몇 초 늦어
흐물흐물 녹아버린 시금치

오래 고아 삶아야
부드러운 시래기

삶은
시금치였다가
시래기였다가

물러빠진 나물을 먹기도 하고
달콤하게 우러난 국을 마시기도 하고.

누명

끌어당기는 손이 갑이라면
붙잡힌 채 끌려가는 발은 을
그렇게 애정행각은 하지 마라

옷깃만 스쳐도 두근거리고
그림자만 보아도 설레는
순애보는 사라졌더라도
너무 강요하지 마라
돈으로 권력으로 매수하지 마라

거래하듯이 주고받지도 마라
본의 아니게 맨살이 닿아
또 한 여자가 고소하게 하지 마라

어쩌다 가슴 저리는 그리움도
서로를 낱낱이 뜯어보고
조심스레 다가가라

미투가 대세인 세상
스킨십은 금물이다

옛날 옛적엔

다섯 살 아들과 동물원에 소풍 간 날
사자를 보고 아들은 울었다
- 사자가 너무 작아 -
밀림의 왕 사자는
크고 당당할 거라는 기대가
여지없이 깨어지는 순간
왕왕 울어제쳤다
- 갇힌 것들은 모두 작게 보인단다
저 사자도 밀림에선 아주 컸단다 -
아무리 달래어도 훌쩍훌쩍

그 아들이 자라
제 자식 데리고 동물원에 간다
자식의 자식은 울지 않는다
이미 알고 있음으로
사자는 동화 속 이야기만큼
거대하지 않다는 것을

울타리에 갇힌 사자들
고향 생각에 눈시울 젖더라도
아들은 더 이상 꿈이 꿈 아니라고
서럽게 울지 않는다
개미의 땀과 베짱이의 노래가 맞물려 돌아가는
세상이 애매하고도 분명하여
삶이 모호하고도 선명하여.

이루어질 수 없는

가슴 뜨거운 파도가
점점 열정을 누르고
기듯이 조심조심 다가와
잠시 머물다 떠나고
다시 돌아오고 떠나는
그 자리에서 늘
흐느끼고 있는 모래밭

기약도 못하면서
멈출 수 없는 사랑은
들고나는 기척만으로도
갈증인 거

스며들어
더 목이 마른.

마른꽃

홍안을 오래 붙들어 두려고
장미다발을 거꾸로 걸어 놓았다

뼈가 드러날 듯
바삭바삭 마르는 살
손 닿으면 부스러질 듯

물구나무선 그대로 벽에 붙잡힌 채
오도 가도 못하는 종말

종말을 바닥에 내려 누인다
목숨 있는 것들 바닥으로 돌아가고
먼지 되어 허공으로 떠도는 것을

죄 지은 손으로
장미의 일생을 풀어 주는 동안

어느 집 담벼락을 타고 오르며
싱싱하게 숨을 쉬고 있는 넝쿨장미들

어여쁨은 잠시
박제라니!
시들어 사라지기에 아름다운 것을.

잠시 햇살 돋는 동안에

마른 빨래를 개비 듯
칼칼하게 삶을 접고 싶다

걷고 뛰어다니던 바짓가랑이 둘
어긋나지 않게 포개고

밀고 당기며 주고받던 소매 둘
나란히 앞섶에 모두고

등은 부드럽게 꺾어
깊이 절하듯 어깨를 낮추어

옷장에 정갈히 들어앉는
어제를 씻은 오늘처럼

앉고 선 자리 말끔히 빨아 말리고
봄눈 슬듯 떠나고 싶다

3부

사탕

어릴 때는 이빨 썩는다고
젊은 시절엔 살찐다고
늙을 쯤엔 쉬 깨물지 못하여
거절당하는 주전부리

그러나 흔하디흔한
사탕발림, 사탕발림들

혀에 척척 녹아 들어붙는
립 서비스

안전한 거짓
불편한 진실을 감추려
슬금슬금 핥아 먹는

단 것
영양가 없는.

뱀

긴 소리 말고 짧게 말해

사연이 하도 길어서요
이유가 많아서요
한이 쌓여서요
짧게는 말 못해요

그래도 넌 말이 너무 많아

그랬나요
그럼 잠시만 말할게요
아니 말 안 할래요

기다란 몸통을 돌돌 말아
목을 꼿꼿이 세우곤
혀를 날름거린다

해야 할 말은 숨기고
하고 싶은 말만 하고 싶어
온몸을 배배꼬는 침묵

독설을 풀어내지 못해
독을 품은 혓바닥.

그 동안에

약속 시각 임박하여 급하게 서두느라
양말을 신고 운동화를 신어야 하는
뻔한 순서를 뒤바꾸어, 투덜대며
운동화를 벗고 양말을 신은 후
다시 운동화를 신는 동안
타야 할 전철이 떠나버렸다

반짝!
내 눈부신 청춘도 그렇게 지나갔다

소파와 시집이 있는 풍경

소파에 걸터앉지 않고
바닥으로 내려 앉아
소파 아랫도리를 등받이 삼아 기댄다
기대는 짓이 쉬워졌다
이참에 누군가 다가온다면
그 사람이 누구라도 기댈 어깨만 든든하다면
함부로 정을 줄 것 같아 화들짝
젖힌 등뼈 곧추 세운다

서슬 퍼렇던 '자아'가 스스로 지치고
추억이 망각처럼 다가오는 날
소파를 떠나 기어이 침대에 드러눕는다
오후 여덟 시쯤에 벌써 고단하다

고단한 지금이 일어나야 할 때
벌떡 몸을 일으켜
난해하여 덮어버린 시집을 다시 펼친다
시행과 행간을 넘나들며
수식어 하나씩 지우고
과장법 한 겹씩 벗긴 후
백지를 읽는다

가장 공허하거나 단순할 때
삶이 떼로 몰려오는 거

백지를 차곡차곡 넘긴다

땅

한참을 올려다보면
거기 무엇이 보일까요

그대
언덕배기에 쭈그려 앉은 풀꽃이라면
햇살 바람을 볼 것이고
바닥을 기어 다니는 벌레라면
타고 오를 벽이 보일 것이고
웅덩이에 잠긴 산 그림자라면
두고 온 하늘이 보일 것이고
지폐를 끌어모으는 노동이라면
높디높은 아파트가 보일 것이고
잡놈 속에 섞인 욕정이라면
순결한 나비 하나 보이겠지요

그렇더라도 한참을 더 내려가야만
높은 곳이 보이지 않을까요.

희한하게도

그녀의 시집 속에
내 이야기가 들어있다 하여
찾아보았건만 없었다
책장 한 겹 한 겹 들춰보아도
나타나지 않았다

그녀에게 물었다
어느 페이지에 있느냐고
68페이지라고 했다

세상에!
68페이지와 69페이지가
하필 그 두 페이지가
무슨 일로 딱 들어붙어 있었다

우연의 일치, 운명 같은 단어들이 엄습하고
삶이 문득 묘연하게 다가왔다

그와 헤어진 이유도
딱 들어붙은 의심과 의심 사이로
흐르지 못하는 눈물 또는
읽지 못하는 웃음 아니었나 싶어
내 마음의 갈피를 추억을 떨쳐내듯
흔들어대었다

툭! 떨어지는 것
끝내 전하지 못한 연시 한 편.

정오 무렵

쉰쯤의 겉늙은 밥집 아주머니
머리에 밥상을 이고 급하게 걸어간다
된장찌개와 김치가 푸짐한
점심을 차린 커다란 쟁반 위에
또 하나 쟁반을 겹쳐 이고
허기를 지워주러 간다
종일 허리 굽혀 시금치를 다듬고
생선 내장을 가려내는
더 늙은 언니 오빠들 배를 채워주려
엉덩이 흔들며 휘이휘이
골목시장을 누빈다

바쁘다 바빠!

잘 몰라서

돼지국밥집
두 번째 만난 S씨와
초면인 K씨와 나
셋이서 이른 저녁을 먹으며
반주로 소주를 주문한다

주인이 술잔 세 개를 놓는다
S씨가 두 개면 된다면서 하나를 돌려주곤
K씨에게만 술잔을 채운다

뺄쭘한 나
- 저에게도 한 잔 주세요

화들짝 놀란 S씨
- 네? 술을 마실 줄 아나요?

놀라는 모습에 더욱 놀란 나
아무 말 못하고
따라주는 술 반만 마신다

그 날 밤
보이는 나와
안 보이는 내가 대작한다

그동안의 외면을 사죄하며
서로의 이중성을 어루만지며.

말없음표

삑삑삑, 번호를 누르고
손잡이를 당겨도
문이 열리지 않는다
열리지 않는 문 수상하다

다시 삑삑삑
문고리를 당기니
덜컥 열린다
쉬 열려 또 수상하다

잘 못 눌린 번호는
일상의 의문부호
다시 눌린 번호는
일상의 마침표

그 무슨 부호든 끝이 아니다

……

다만, 침묵하는 삶.

골목시장의 자본

골목시장 거리, 노점상들 틈서리에
쪼그리고 앉아 고구마를 파는 할머니

고구마 달아요?
하모요, 제일이제

손등의 주름이 무쇠마냥 단단한 세월을 믿고
내 고향 남해 말씨가 다정하여
한 봉지 살 것을 두 봉지 산다

먹음직스레 익은 고구마 한 입 베어 먹곤
고개 갸우뚱, 다시 베어 먹고 갸우뚱
단맛은 거의 없는 싱거운 맛

배신감!

그러나 천지사방 널린
과장된 광고와 과대한 호객

돈이 돈을 뜯어먹는 세상
가난이 돈을 빼앗는 건 당연하다며
할머니의 생계를 이해하건만
슬픈 자본주의를 위로하려
고구마를 안주로 술잔을 비운다

다 먹어야만 할 것 같은 뿌리 열매
뿌리 내리지 못하고 냉장고 속에서 싹을 틔운다

소나무와 칡

우리 너무 가까이, 오래, 붙어살아
싫증나지 않니
이참에 헤어지는 게 어때?

못 헤어져

왜?

내가 네 심장을 꽉 껴안고 있거든
너는 내 발목을 붙잡고 있고.

말 공양

전철 속 저 쪽이 시끄럽다
외국인 서넛 떠들고 있는
뜻을 모르는 말은
말이 아니라 소리일 뿐
아무리 정확한 발음이더라도
소음일 뿐

너와 내가 헤어진 이유도
그 소음 때문
가슴으로 듣지 않고
귀로만 듣는 말은 소리에 지나지 않아
기어이 등 돌린 사연

그 사연을 다시 풀어 놓으니
그것 또한 별 의미가 없고

한낱 지나치는 몸짓이고 눈빛인
말을 너무 깊이 들어
상처 난 가슴

그러니, 말은
밥 같은 것

체하지 않게 허기 남지 않게
알맞게 씹어 삼킬 때
모국어가 낯설지 않고
외국어를 듣듯 소란하지 않을 것을

고백은 오롯이 고백으로 다가올 것을.

선물

세상 떠난 어머니가
꿈속으로
택배를 부치셨다

빈 상자

비우고 살아라는
말씀만 그득.

분리 못하는 것

분리수거일, 이른 아침
비닐 플라스틱 종이 봉지를 무겁게 들고
엘리베이터를 기다린다
오층에서 머물었다가 십층에서 머물고
십칠 층을 거쳐 삼십육 층 끝까지 올라가
내려오다가 삼십이 층에서 멈추고
십구 층에서 또 멈추고
마침내 도착한 십칠 층

그동안 나는 쏘아보고 있었다
엘리베이터 층마다 번들거리는
붉은 숫자들을

어차피 내 앞에서 멈출
17이라는 숫자를 느슨하게 기다리지 못하고
기다리는 것만으로 조급한 눈길

내 마음대로 안 되는
이 어수선하고 제멋대로인 세상을
얼마나 오래 거칠게 쏘아볼 것인가

차라리 눈을 내리깔자
어디까지 올라갈 것인가 예산하지 말고
어디까지 내려왔나 계산하지 말고
내 눈 앞에 우뚝 선 승강기에 느긋이 승차하고
내 집 문 앞에서 흔쾌히 하차하자.

예술의 실체

어릴 적 미술시간
과일이나 채소를 묘사하라기에
동그라미를 여러 개 그렸다
큰 동그라미 속에 작은 동그라미
그 속에 더 작은 동그라미, 동그라미들
선생님이 무엇이냐고 물었다
'양파'라고 답했다

젊은 시절 시가 첫눈마냥 다가올 때
양파를 노래했다
- 벗겨도 껍질 또 벗겨도 껍질
껍질뿐인 한 알 허무여 -

지금은 양파를 잘게 쪼개어
고기 함께 식탁에 차린다
알맹이만으로 꽉 찬 뿌리채소를
입속에 넣곤 씹어 삼킨다

살이 되고 피가 되는 것이
그림이고 시던가, 아니던가.

자본주의의 비애

너거 둘 사귀나?

아니예

그라믄 와 그리 붙어 있노?

목숨 때문입니더

목숨이라켔나? 누구 목숨?

나 말입니더
묵고 살아야지예
구린내에 묻혀 죽어도
한 끼 밥은 묵어야지예

악어 이빨 사이에서 먹이를 줍고 있는
악어새의 허기진 악다구니.

수학으로 푸는 인생 5

입시를 준비하는 아이들아, 너희는 왜 수학의 정석에 매달리는 거니? 기본원리를 완벽하게 설명한 교과서는 제쳐두고 말이다. 기본을 완전히 깨달으면 응용은 술술 풀리는 거, 모델하우스마냥 꽉 짜인 모범 문제를 아무리 많이 풀어본들 모범을 벗어난 응용문제는 쉬 풀지 못할 걸. (식상한 얘기 좀 해야겠다) 내 가난한 학창시절, 문제집은커녕 교과서마저 낡아빠진 헌 것을 얻어 공부했단다. 수학문제집 두어 권은 거의 모든 학우들 책가방에 들어있었지만 나는 교과서만 파고들었단다. 같은 문제를 되풀이 풀고 또 풀었더니 기본을 훤히 알겠더라. 기본을 습득하니 어떤 응용도 해결되더라. 수학시험은 늘 백점에 가까웠단다. 자랑으로 들어도 좋고 아날로그식 학습방법이라고 얕보아도 괜찮지만 단, 수학의 정석을 너무 믿지 말거라. 정석은 정석일 뿐 모형을 한 치 빗나간 방정식조차 우왕좌왕 해답을 찾기 어려우니......

누가 나더러 정석의 분위기가 난다 하여 손을 내저었지
- 저는 정석을 좋아하지 않습니다
저는 기본을 믿고, 기본이 마음대로 저질러 놓은
종잡을 수 없는 탈선을 즐깁니다 -

삶도 기본이 소중한 거 아니겠니
기본이 흔들리지 않는 외도는 낭만 같은 거
그러니 인생의 정석을 운운하기 전에
인생의 기본을 숙고하거라
수학교과서를 꼼꼼히 탐독하여 삶을 배우거라.

풍경화

처마 낮고
울타리 낮고
키 낮은 튤립들

바람도 낮아야
드나들 수 있을 듯
낮은 문설주

손님이 문을 두드리면
아무나 들이지 않고
생각이 무겁지 않은 사람
욕심이 크지 않은 사람만 모실 것 같은

방 두어 개 장난감마냥 지어놓고
마당 넓게 햇살 수두룩 깔아놓은
제주도 선흘리 선인분교 곁에
수국마냥 함초롬 앉은 지붕

삽으로 푹 떠서
황량한 도심에 심어놓고 싶은.

운명, 사랑해야 할

넘어진 이유가 제 탓뿐이었다면
곧 일어섰을 거예요
그런데 당신과 부딪쳤잖아요
건장한 당신은 멀쩡한데 저만 땅에 고꾸라졌어요
그러니 약과 붕대는 주셔야지요
뭐라구요? 제가 준비해야 했었다구요?
도대체 당신은 뭐길래 인정머리 없이
냉정하게 죄책감도 없이 그토록 당당한가요
붙잡을 손이라도 내밀어야죠
안 된다구요? 스스로 일어나야 한다구요?

상처만 주고
휑하게 떠나는 것

등 뒤에서 겨우 일어나
온몸에 묻은 어둠을 털어내고 있는
여자의 가냘픈 실루엣.

체증

꿀범벅인 꿀떡을 꿀떡 삼켜서
한꺼번에 크게 삼켜서
배앓이 하는 날
엄니가 배를 쓸어주며
먹는 법을 일러주셨다

급하게 묵으면 안 되제
맛있을수록 천천히 씹어야제

다행인지 불행인지
꿀맛 같은 삶보다
쓴 맛 나는 삶이 허다하여
제대로 배앓이 한 번 못해 본 나는
엄니에게 묻는다

쓴 것은 어떻게 먹어야 하나요?
맛없는 것도 천천히 씹어야 하나요?

뾰루지

푹 썩어라, 뿌리까지
어중간히 썩어서
길게 곪지 마라

코 옆에 자리 잡곤
여간해서 아물지 않는다
벌겋게 부풀어 올라
누렇게 고름이 맺혀도
쉬 터지지 않는 화농
아직 멀었다
뿌리가 뻗대고 있으니

완전히 익어
썩어 문드러지기까지
기다려야 하리

손톱을 세워 억지로 터뜨린다면
더 시뻘겋게 부풀어 오를
생의 비등점
100도C에서만 끓어오르기를
시간이 열기를 식히기까지
그 정도로만 달아오르기를

연고를 발라도 효험이 없는
도저히 원인을 알 수 없는
살아가다 문득 돋아나는
염증 덩어리.

개밥바라기

해 다 저물었는데 어디 가실려구요?

출출하여 막걸리 한 사발 마시고 오겠소

아이구, 저녁 먹어야지요
백구에게도 밥 주고요

말려도 대문을 나서는 지아비
등에 대고 한숨마냥 눈 흘기는 지어미

하늘에 별 뜨고
늙은 개는 배가 고프다

옷을 망가뜨리다

또다시 일을 저질렀다
아무렇게나 입고 다니는 어미에게
차려 입으시라고 건네준
딸이 아끼던 옷
드라이클리닝을 해야 하는
까다로운 원피스를 세탁기에 쑤셔 넣곤
독한 세제로 오래 빨아재끼어
윤기 반지르르 보드라운 질감이
부석부석 보풀이 돋아나 거칠어졌다

인연 또한 그렇게 대했을까
내 앞에 선 사람의 성품과 기질
취향과 가치관을 존중하여
조심스레 어울리지 않고
함부로 내 쪽으로 끌어들였을까

더구나 내가 나를 하대했을까

버리지는 못하여
딸의 눈에 띄지 않게 감추어 둔
생짜로 낡아버린 외피를 다시 꺼내어
거울삼아 들여다본다

와불

서 있으려니 무릎이 시리고
앉아 있으려니 허리가 저려
누워버렸다

곧게 서 있느라 바로 앉아 있느라
앞만 보고 제자리만 지키는 동안
하늘과 땅을 못 보던 육신이
훌훌 무게를 털어내어
천정을 바닥을 활짝 열어 제치니
천지가 가볍게 드나들더라

그래서 영영 누워버렸다

선구자가 못 되어

전쟁 중에 쓰러진
주인을 버려두고
터덜터덜 돌아온 말
빈 등
안장에 남아 있는
한 장군의 무게

우렁찬 진두지휘만큼
승리와 패망이 들어앉은
한 시대가 왔다 간
역사의 틈서리

나폴레옹을 읽다가
난세를 구할 용사를 찾다가
책을 덮어 버린다

수척한 말馬 한 마리
말言 속에서 걸어 나와
세상 변두리에 우두커니 서 있다

세상과 술잔을 나누다

술 주세요, 독한 걸로

주모가 힐끗 쳐다보고
아래위를 훑어보곤
고기 몇 점 더 얹어
안주접시를 밀어 준다

술 한 병 더 주세요, 더 독한 걸로

주모가 가만히 다가와
마주 앉는다, 오랜 동행마냥
주거니 받거니 함께 취하여
술자리에 어울리지 않는 동요를 부른다
- 산토끼 토끼야 어디를 가느냐 -

주모가 묻는다
집이 어디예요?

묵묵히 술잔만 들이키는 손님 앞에서
한동안 말없는 주정을 받아주다가
손님 한 분 더 들어서자
얼른 자리를 뜬다

가을 밤 깊어가고
술상 하나 더 익어간다

벼랑에게

털썩,
주저앉은 그 곳이
바닥이고 천정이고
상처고 붕대고
절망이고 희망이다

주저앉았다고
쓰러진 게 아니다
무릎 세워 발돋움하다가
다시 주저앉더라도
막다른 길이 아니다

벌떡!
일어서는 그 곳이
네가 주저앉았던 곳이다

고래 잡는 법

고래고래 소리 지르면
고래는 도망간다

고래 잡으러 가는 사람은
목욕재계하고 수염도 깎고
단정한 옷으로 갈아입고
뱃사람이지만
뱃사람 아닌 것처럼
서툴게 다가가야 한다

술 냄새 풍기며
거친 몸짓으로 창을 겨누면
어느 눈먼 고래라도
멀찍이 달아난다
익숙한 것의 냄새가
고래를 내쫓는다

꿈은 흑백이라지만
가끔은 눈부신 빛깔로 일어선다

하늘이 온통 붉고
바다가 노랑으로 물들어
놀라고 당황하는 그 순간
고래가 제 발로 찾아든다

낯섦이 길을 열고
그 길로 꿈이 다가온다
총천연색으로.

이별 뒤에 만남

오나마나한 사람이라면
너에게 소중한 분이다

곁에 있는지 없는지
굳이 나서지 않고
보고 싶어도 보채지 않는
무게 없는 그 분

울 엄니 그리 사시다가
훌쩍 떠나시고

바람 찬 늦은 저녁
폐지를 주워 담는
할머니 시든 폐로
가물가물 드나드는 공기

아, 공기가 공기임을 아는 순간.

구멍 3

눈을 눈구멍으로 귀를 귓구멍으로
코를 콧구멍으로 입을 입구멍으로
구멍을 접미사로 붙이면
눈 귀 코 입이 상스러워진다

왜 그럴까

뚫려 있기에 새어나가기에
담아두지 못하기에 컴컴하기에
숨어서 들여다보기에

그러나
피리는 구멍이 음표이고
터널은 구멍이 출입구이고
목구멍은 생리의 통로다

찢어진 문구멍으로
바람 들락거려 얼룩이 마른다
마른 얼룩이 뜻밖에 어여쁜 무늬

창에 방울방울 맺힌 빗방울
햇살이 들어앉은 구멍
꽃송이다

황혼녘에

보소, 좀 천천히 가소

당신이 어서 따라와야지

이제나저제나 산은 그대로일 텐데
뭐가 급하여 저리 서둘꼬

다리에 힘 빠지기 전에
허리까지는 닿아야지

마, 괜찮소
힘 빠지면 쉬었다 가면 되잖소

시든 세월 두 분
앞서기도
뒤처지기도
기다려주기도

서산에 해 걸렸다

그래도 삶은 계속되고

칼 아닌
종이 모서리에
손가락이 베였다

억울했다

날 선 칼을 피했건만
한낱 종이나부랭이에게서
상처를 받다니

스미어 나오는 붉디붉은 피

언제 빠질 지 모를
함정은 곳곳에 숨었고
도처에 도사리고 있는 살얼음판

붕대로 싸매니
상처가 대단한 것 같아
풀어버리고

피 묻은 손으로
쌀을 씻는다
저녁에 먹을 밥을 짓는다

아슬아슬한

목덜미 깊이 파인 셔츠를 입은 처자
가슴 둔덕이 훤하게 드러나고

단정한 차림의 청년은
애인의 속살을 훔쳐보는
행인들을 가로막듯
등을 감싸 안고

그 품속에서 킥킥거리는
짙붉은 입술

젖무덤을 가려 주느라
무거운 어깨

무게에 짓눌려
이미 갈라진 틈

언제 허물어질 지도 모른 채
틈이 웃고 떠드는 동안
이별의 씨앗이 자라건만

지금은 열애 중
아무도 뜯어말릴 수 없는.

모음끼리

부들부들 보다 보들보들이 더 따뜻하고
줄줄 보다 졸졸이 더 정겹고
뚝뚝 보다 똑똑이 더 명쾌하고
꿋꿋하다 보다 꼿꼿하다가 더 실하다

ㅜ와 ㅗ의 차이
미묘한 어감

삶 또한 미묘한 간극

우우우, 흐느끼지 말고
오오오, 함성을 지르자.

추억 7

간 좀 봐라

어머니는 국을 끓일 때
전을 부칠 때
국자에 떠서
손가락으로 찢어서
맛을 보게 하셨다

부뚜막에 앉아
허기를 견디며
어서 익기를 기다리는
큰딸이 안쓰러워
우선 주린 배를 채워주셨다

엄마, 한 국자 더
엄마, 한 쪽 더
보채는 딸 모른 척
밥을 퍼 담으며
주걱으로 밥 한 술 떠먹여 주셨다

덕아, 이리 와서 좀 도와라
부엌으로 불러내어
동생들 몰래
사탕을 주머니에 넣어 주시던
어머니가 차마 묻지 못한 말씀

배 고프제?

탁상공론이더라도

'막썰어 횟집'에
막 쓴 회 없다

예리한 칼끝에서
빚어 나온 살
고소하다

생선 맛이 아닌
칼 맛
칼 맛이 아닌
칼을 쥔 섬세한 손 맛

인생아, 너는 무슨 맛이냐
단 맛이냐 쓴 맛이냐
달지도 쓰지도 않는
달고 쓰기도 한
관념이나 철학 같은 맛이라면
횟집에서 만나
껍질을 벗기고 뼈를 추려내고 피를 씻어내고
오롯이 남은 살점을 토로해 보자

네 살점을 저며 썰어 담은
안주 한 접시 더 주문하여 취해 보자.

여우비

속살이 비칠 듯 야들야들한 원피스에
봄 햇살마냥 살랑살랑 웃는 눈으로
가까이 다가와 입맞춤이라도 할 듯
애교를 부리더니
지갑이 얇고 주머니가 빈 것을 눈치 채곤
서릿바람 싸늘하게 등 돌리는
저 꽃뱀 좀 보게

에이, 재수 없는 것!
소금 뿌려라.

문명의 문맹

낫 놓고 기역자도 모르는 촌부가
논밭을 일구어 곡식을 심는 동안
기역자를 보고도 낫을 모르는 갑부는
논밭을 파헤쳐 돈줄을 심고 있다

거울 가게에서

손님이 주문한다
뇌와 마음을 볼 수 있는 거울 주세요
남의 뇌와 마음까지 볼 수 있는 거울도 있나요

가게주인은 손을 휘휘 내젓는다
그런 거울은 없어요
있어도 안 팔아요
양심상 못 팔아요
큰일나게요
당신 스스로 벼랑으로 뛰어내리든가
당신 애인을 밀어뜨릴 지도 모르니까요

나는 너를 몰라 곁에 두고
너는 나를 몰라 붙잡고

지금 내 앞에 네 앞에 걸린 평면거울 속
슬쩍 내비치는 외면 한 모서리만으로도
헤어질까 말까 망설이는 판에
속이 훤히 보이는 거울을 주문하다니

인간이 해서는 안 되는 짓거리 중 하나,
엑스레이마냥 살과 뼈를 뚫고 들어가
뇌와 마음을 고스란히 담는 반사경을 만들어
헐값에 무더기로 파는 일.

난해시의 자화상

그대는 넘치게 울고 웃고 떠들고 침묵한다
가슴 속 희로애락을 과대포장하거나
은근히 드러내려 은유와 밀당한다
삶을 희화하거나 심각히 다루려고
비비꼬는 미사여구 어지럽다
주제를 짐짓 숨기려 궤변을 조율하고
운율을 슬쩍 감추려 행간을 무너뜨린다
그럴 듯이 보이기 위해 거짓을 허용하고
뜻 모를 암호와 기호를 도용한다

돋보이려고 자꾸만 장식을 걸치는 그대
껴입을수록 누추한 나신이여.

빈자리

친구에게 소식 전하려고
통화기록을 찾으니
가까이 없다
한참을 쭉 내려가니
이름이 있다
3주 전

아아, 어머니는
아무리 내려가도 보이지 않는다
아득히 내려가도
'엄마'라는 유일한 이름이 없다

천상에는 전화가 없어서.

한가

나, 집안에서 허깨비마냥 논다
브래지어 풀어버린 가슴 툭! 내려놓고
무릎 튀어나온 바지에 배꼽 드러나는 티셔츠 걸치곤
거리에 나뒹구는 낙엽처럼 함부로 가라앉거나 드러눕거나
때때로 바지춤 추켜올려 배꼽을 가리면서
단정한 품새도 내어보며 빈둥거린다
누룽지 끓여 김치 얹어먹다가 혀가 데이기도 하고
몸에 좋지 않다는 과자나부랭이 실컷 즐기곤
배 두드리며 드라마 속에 빠지기도 한다
누군가 비아냥거릴 지도 모를 게으른 삶
그다지 나쁘지 않은 나날들
무엇을 더 배우고 더 잡아 올리고
또 무엇을 채우려나 싶어
야윈 껍데기에 서릿바람 두른 나목처럼
훌훌 벗고 산다
입어도 벗은 몸, 그것이 큰 재산
나, 부자로 산다
허깨비에게 무엇이 더 필요하랴
나, 가득 찬 빈 몸으로 쭉 살아가리라.

신덕엽 제14시집

가뭄은 비를 싫어한다

초판1쇄 발행 2021년 1월 20일

지은이 신덕엽
펴낸이 이길안
펴낸곳 세종출판사

주소 부산광역시 중구 흑교로 71번길 12 (보수동2가)
전화 463－5898, 253－2213~5
팩스 248－4880
전자우편 sjpl@chol.com
출판등록 제02-01-96

ISBN 979-11-5979-402-5 03810

정가 10,000원